W0287070

Noriko

Mon guide de style

365 tenues à coordonner

Dessain et Tolra

Je me suis toujours intéressée à la mode. Quand j'ai commencé mon blog, il y a un peu plus d'un an et demi, les questions vestimentaires y ont tout naturellement occupé une bonne place. Jour après jour, je prenais plaisir à montrer et à commenter les tenues que je portais. En tant que jeune maman, je parlais aussi volontiers de divers sujets en relation avec l'éducation des enfants. Peu à peu, le nombre de lectrices a augmenté et certaines m'ont demandé de les accompagner dans leurs virées shopping. Il s'agissait de les aider à choisir des vêtements, de les conseiller sur la manière de composer des tenues. Cela m'a assez rapidement amenée à me lancer en tant que styliste personnelle. J'ai aussi eu la chance que mon blog retienne l'attention d'un grand éditeur. De là est né le projet de réaliser une sorte de carnet de looks à partir des tenues présentées dans le blog. C'est ainsi que cet ouvrage est né !

Autrefois, je pensais qu'un bon article vestimentaire était nécessairement un article cher. Quand je percevais mes salaires, je mettais patiemment de l'argent de côté pour me faire plaisir en achetant des articles de marque qui étaient, je l'avoue, un peu au-dessus de mes moyens. J'avais beau être élégante, j'avais au fond de moi la dérangeante impression de vivre « hissée sur la pointe des pieds pour paraître plus grande ».

C'est après la naissance de ma fille que mes attentes en matière de vêtements ont commencé à changer du tout au tout. Pour mon enfant, je recherchais des matières saines et hypoallergéniques. Pour moi, je voulais avant tout des modèles pratiques pour allaiter et des matières faciles à nettoyer.

C'est aussi à cette époque de ma vie que la mode décontractée a commencé à avoir le vent en poupe. Dans les magazines, les reportages mode faisaient la part belle aux articles Uniqlo ou Muji qui étaient jusque-là des marques un peu snobées au Japon. Les expressions « petits prix », « fast fashion », ou « daily brand » fusaient dans toutes les pages !

Tous ces facteurs ont fait que j'ai aujourd'hui une approche de la mode beaucoup plus détendue, qui donne la priorité au plaisir simple de se sentir belle dans une tenue qui concilie élégance, confort et petits prix !
Je n'ai jamais vraiment changé de style. Je suis toujours restée fidèle à mes goûts. À vrai dire, tout s'est passé en douceur... J'ai commencé à collectionner quelques basiques petits prix, plus en phase avec ma nouvelle vie. Puis, je me suis rapidement aperçue qu'en associant ces articles, je pouvais avoir autant d'allure qu'en m'habillant avec des vêtements haut de gamme ! Mon intérêt pour la mode s'en est trouvé décuplé.

Cet ouvrage est le condensé d'un savoir-faire acquis au fil du temps en prenant plaisir à jouer avec les vêtements. J'y présente saison par saison des tenues pour le quotidien. Pulls, pantalons, chemises ou accessoires, j'expose diverses façons de porter les différents types d'article. Je donne des conseils pour associer les coloris, pour mixer sans fausse note les articles de valeur et les articles petits prix. Travailler en tant que styliste personnelle m'a beaucoup sensibilisée aux complexes des unes et des autres, alors je livre aussi des astuces pour mieux mettre en valeur sa silhouette. J'ai également repris dans cet ouvrage quelques concepts qui ont beaucoup contribué au succès de mon blog : des suggestions « Mode synchro kids » qui présentent une mode coordonnée maman / enfant, ou encore la rubrique « Mini dressing de mes classiques en 31 looks » qui démontre qu'on peut s'habiller tout un mois en combinant habilement un nombre très restreint d'articles.

J'espère vous communiquer à travers ces pages tout le plaisir qu'apporte une approche ludique, économique et décomplexée de la mode !

Noriko

①

Avant tout : le choix des couleurs !

En matière de stylisme, la combinaison des coloris joue un rôle essentiel.
Pour ma part, j'aime les tenues décontractées qui ne sacrifient rien à l'élégance et à la féminité. Celles-ci ont souvent quelque chose d'enfantin ou de simple, n'est-ce pas ? Jeune fille, je cultivais un style plutôt classique. Quand je suis devenue maman, j'ai tenu à le conserver, tout en y mettant un bémol.
Quand je compose une tenue, je réfléchis tout d'abord à la combinaison des coloris. C'est le plus court chemin pour trouver le juste équilibre entre élégance et décontraction. Quand je me dis : « Aujourd'hui, je porterais bien le haut gris que j'ai acheté hier... », la question qui surgit aussitôt est : « Mais quelle couleur pour le bas ? » Et aussi : « Quelles couleurs pour les accessoires ? »
Pour le choix du bas, je réfléchis à la couleur qui se combine le mieux avant même de me décider entre un pantalon ou une jupe !
Les jours où je ne pense à aucun vêtement que j'aimerais porter en particulier, je me dis : « Hier, j'étais en noir, aujourd'hui, je vais miser sur le beige. »
Une couleur ou une combinaison de couleurs... C'est ce à quoi je réfléchis en premier quand je compose une tenue !

Une garde-robe aux couleurs basiques

Le noir, le blanc, le gris et le beige sont à l'honneur dans ma penderie. Ces couleurs sont si sobres qu'on croirait qu'il s'agit d'une penderie d'homme ! Mon goût pour les couleurs assez neutres se justifie par le fait qu'elles ne trahissent pas la qualité du tissu, qui est forcément moindre dans le cas des articles petits prix. Chaque pièce est également plus facile à assortir aux autres.

Gris + Blanc

Bleu marine + Blanc

Beige + Noir

[Basic]

Brun clair + Noir + Blanc

Subtil mariage de blanc…
Associez blanc pur et blanc cassé.

Le choc des gris
Anthracite et gris perle : jouez sur le contraste des tons clairs et foncés !

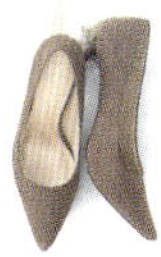

Ne voyez pas tout en noir !
Le motif à fines rayures du pantalon allège l'ensemble.

L'harmonie des beiges
Déclinez des tons proches, tout en douceur…

[Monochrome]

[Camaïeu]

De pied en cap, une même couleur vedette

Les tenues construites autour d'une seule et même couleur ont autant de charme que celles qui déclinent une couleur dans ses diverses nuances. Restreindre l'éventail des coloris est l'un des secrets de l'élégance !

Les différentes nuances de beige des accessoires rehaussent l'ensemble chemise et jean.

Le vert olive de l'étole et de la fine ceinture adoucit le contraste noir et blanc !

Adoptez les couleurs sourdes

Les gris, les beiges, les écrus, le marron taupe ou le vert olive : ces couleurs « neutres » sont faciles à marier et apportent instantanément une touche stylée. Si vous avez dans votre penderie des hauts, des bas et des accessoires dans ces coloris, déclinés dans des tons clairs à foncés, vous n'aurez aucune peine à finaliser une tenue !

Les couleurs sourdes se combinent très bien avec une couleur plus franche

Il m'arrive d'avoir envie de porter du rouge ou du bleu pastel. La combinaison avec du blanc ou du noir serait facile, mais un peu trop tranchée. Associer des couleurs nuancées permet d'obtenir un résultat plus stylé. Certaines personnes n'osent pas porter de couleurs vives. Voici un conseil pour elles : pour qu'un haut de couleur vive soit moins voyant, la bonne solution consiste à le recouvrir partiellement avec un autre élément. Il suffit de porter un foulard autour du cou ou une étole sur les épaules.

Le rouge est moins criard associé à un pantalon beige. De jolis tons roux-caramel pour le sac et les escarpins, et c'est parfait !

Le gris du pantalon atténue le bleu du pull. Le foulard écru réduit la plage de bleu.

Un sac et des chaussures de même couleur

Juste avant de sortir, ne vous arrive-t-il pas d'être en retard parce que vous avez du mal à choisir votre sac et vos chaussures ? Quand vous hésitez, prenez-les de la même couleur ! Les accessoires de ton écru s'assortissent aussi bien aux tenues beiges que grises. Si votre tenue est déjà de ton assez pâle, rehaussez-la plutôt avec des chaussures et un sac noir.

Un sac noir et des tennis slip-on pour mettre en valeur une jolie jupe évasée.

Un sac et des escarpins beiges pour atténuer le style masculin de la tenue jean et manteau mi-long de coupe droite.

Portez du beige à tout âge

« C'est bizarre, le pull beige qui m'allait si bien jusqu'à l'an dernier ne me va plus ! » C'est un souci commun à bien des femmes à l'approche de la quarantaine... Le beige est une couleur élégante et facile à assortir. Elle est toutefois assez proche de celle de la carnation. Quand on vieillit, le teint tend à perdre de son éclat. Alors, quand on porte du beige, le rendu est parfois un peu fade. Pour pallier cet inconvénient, une petite astuce : porter un foulard d'un ton plus foncé ou bien un pull marron noué sur les épaules. Vous pouvez aussi porter sous votre pull une chemise avec un large col blanc.

Le marron souligne la ligne de contour du visage !

Le col de la chemise blanche apporte lumière et fraîcheur ! Pour rajeunir l'allure, laissez dépasser le bas de la chemise !

②

Des basiques simplissimes : le secret de l'élégance à petit prix !

De petits riens qui changent tout

Portés tels quels, les basiques sont sans grand intérêt. Rehaussez-les avec des accessoires : un collier, des bracelets, une ceinture, etc. Utilisez aussi quelques techniques de stylisme : retroussez vos manches ou le bas de votre pantalon !
Ces techniques sont exposées en détail un peu plus loin.

Des modèles simples, faciles à coordonner

Les vêtements au design sophistiqué ont beaucoup d'allure, mais sont le plus souvent destinés à être portés seuls. À l'inverse, les basiques se combinent aisément les uns avec les autres. Et ils ne se démodent jamais !

Faites du shopping futé !

Achetez vos chemises, T-shirts, ou pulls de couleur unie ou avec un motif à larges rayures dans des boutiques à petits prix. Quand vous trouvez un modèle qui présente un bon rapport qualité-prix, n'hésitez pas à l'acheter en divers coloris. Lorsque vous composerez une tenue, vous serez assurée d'avoir la couleur qu'il vous faut !
En revanche, pour vous procurer un article de marque, de coupe étudiée ou de stylisme recherché, dirigez-vous vers une boutique plus haut de gamme. Pensez aussi à investir dans de belles matières quand vous achetez un manteau ou un sac !

③

Quelques techniques pour valoriser les basiques

Voici quelques techniques de stylisme toutes simples pour donner du charme aux basiques :

- Retrousser les manches ou le bas du pantalon.
- Rentrer juste les pans avant d'une chemise dans le pantalon en la laissant flotter sur les côtés et dans le dos. En anglais, cette technique s'appelle le *front in*.
- Nouer un pull ou une chemise sur les épaules ou les hanches.

Complétez toujours la tenue avec des accessoires : un foulard et un collier autour du cou, une montre et des bracelets aux poignets !
Je cultive pour ma part un style qui combine décontraction, élégance et féminité. Mes tenues préférées mixent des articles d'allure décontractée à d'autres plus raffinés. Je chausse des escarpins quand je porte un jean denim. J'aime aussi jouer sur la différence des matières. Je combine volontiers une fine chemise en coton avec un pull à grosses mailles.

Montrez vos poignets !

L'articulation des poignets a beaucoup de charme. Retroussez légèrement vos manches pour les montrer. Pour un résultat plus esthétique, laissez apparent le bord du bandeau de bas de manche.

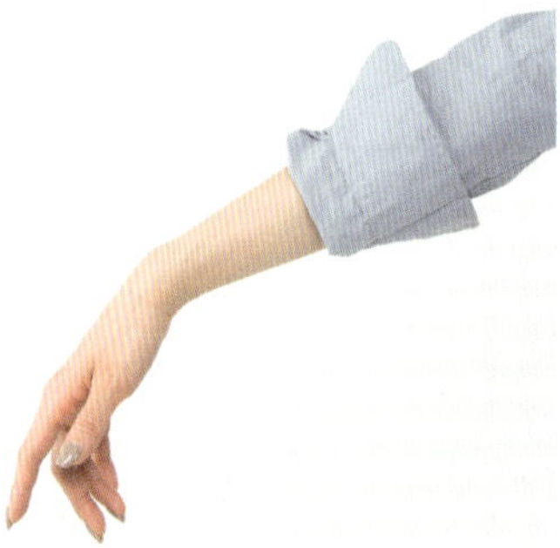

1

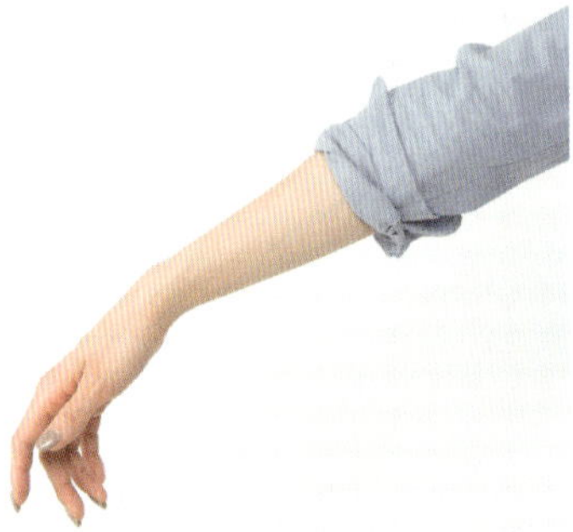

2

Pour retrousser le bas des manches :

1. Retournez complètement le bandeau de bas de manche.
2. Repliez ensuite grossièrement une ou deux fois le tissu sur une petite largeur.

[Variante]

Si vous portez la chemise sous un pull : sortez la moitié du bandeau de bas de manche, puis repliez-le par-dessus la manche du pull.

Dévoilez vos chevilles !

Comme les poignets, les chevilles gagnent à être montrées. Retroussez le bas de votre jean, c'est tellement plus féminin.

1

2

Pour retrousser le bas du jean :

1. Relevez le bas du jean sur une bonne largeur. Repliez ensuite la moitié inférieure du repli.
2. Rabattez légèrement le revers au niveau des coutures latérales pour un résultat plus naturel.

À ÉVITER

Les revers trop larges sont disgracieux !

Nouez une chemise ou un pull sur vos épaules

J'aime beaucoup cet effet de superposition.
Au printemps et en été, j'utilise des cardigans anti-UV.
En automne et en hiver, des pulls à grosses mailles.
Porter un vêtement de cette façon attire l'attention vers le haut du corps et rééquilibre la silhouette en donnant plus d'ampleur aux épaules.
C'est cependant à éviter les jours de grand vent ou quand on pratique une activité avec des enfants et que l'on court dans tous les sens !

Un pull juste posé sur les épaules, les manches pendantes.

Les manches nouées, légèrement décalées.

Un cardigan non boutonné, juste posé sur les épaules.

Et pourquoi pas par-dessus un trench-coat ou un vêtement d'extérieur assez fin ?

Pour réaliser un nouage façon cache-cou :

1. Posez le pull sur les épaules, une manche d'un côté et le reste du pull de l'autre.
2. Ramenez le gros du pull autour du cou.
3. Passez la deuxième manche de l'autre côté.
4. Rentrez les bas des manches sous le nouage.

Nouez une chemise ou un pull sur les hanches

La chemise apporte une couleur qui fait le lien entre le haut et le bas.
Elle est aussi bien pratique : elle camoufle le ventre et les fesses. Si on a un peu froid, on peut aussitôt la revêtir.

1

2

3

Pour nouer la chemise sur les hanches :

1. Déboutonnez la chemise et repliez la partie supérieure.
2. Positionnez-la à hauteur des passants de ceinture.
3. Pour finir, nouez les manches.

[Variante]

Décalez le nœud légèrement sur le côté !

Vous pouvez aussi nouer un pull sur vos hanches...

...ou bien un sweat-shirt.

Si vous portez une jupe, boutonnez le cardigan avant de le nouer sur vos hanches.

Une chemise portée dans un style décontracté

Quand vous portez une chemise nouée sur les hanches, dès que vous avez un peu froid, vous pouvez la revêtir par-dessus votre débardeur. Pour obtenir un résultat tout à la fois décontracté et féminin, insérez les pans avant de la chemise dans le pantalon !

1

2

3

4

Pour croiser les pans d'une chemise :

1. Enfilez la chemise sans la boutonner.
2. Insérez l'un des pans avant dans le pantalon, un peu au-delà du centre.
3. Pour former de jolies fronces, saisissez le coin de la chemise comme indiqué dans la photo 2.
4. Insérez ensuite le coin du deuxième pan, en le superposant légèrement sur le premier.
5. C'est fini !

5

À ÉVITER

Ne croisez pas trop les deux pans.

④

Quelques astuces pour se réconcilier avec sa silhouette !

Ma silhouette est loin d'être parfaite : mon visage est assez rond, le haut et le bas de mon corps ne sont pas équilibrés.
Avant, je choisissais toujours des hauts assez près du corps, persuadée de mettre en valeur la partie la plus fine de mon corps... Mais loin de l'effet escompté, cela ne faisait que souligner la rondeur de mon visage et de mes hanches.
Attention à ce piège !
Une chemise un peu ample révèle mieux la finesse du buste. Choisir une chemise une taille au-dessus permet aussi de jouer avec, en la glissant par exemple dans le pantalon.
Les articles à porter près du corps sont ceux qu'on porte en dessous, comme les débardeurs. J'aime les débardeurs côtelés. Je les choisis assez longs pour les faire dépasser !

Un haut un peu ample rééquilibre la silhouette.

À ÉVITER

Un haut trop près du corps accentue les défauts.

Cultivez l'aisance !

Quand ils n'épousent pas les formes, les hauts dessinent une silhouette plus harmonieuse. Ne les utilisez pas pour camoufler petit ventre et poignées d'amour. Faire diversion en montrant une jolie boucle de ceinture est une bien meilleure solution.

Allégez la silhouette en dévoilant les articulations : cou, poignets, chevilles.

À ÉVITER

La silhouette est fade, sans dynamisme.

Roll-up et *front-in*

Retroussez les manches de chemise et le bas du pantalon, rentrez le devant de la chemise dans le pantalon : la silhouette gagne en tonus et en légèreté !
Les fronces de la chemise apportent du mouvement, et le détail de la ceinture, une note raffinée.

Pour camoufler un petit ventre

Des poignées d'amour et un petit ventre qui vous complexent ? Ne les dissimulez pas en portant une tunique ! Choisissez un haut qui tombe à hauteur de hanches et rentrez le devant dans le pantalon pour montrer une boucle de ceinture. Nouez aussi un pull sur vos épaules pour apporter un volume qui rééquilibre la silhouette. Les défauts de votre tour de taille passeront inaperçus.

Ce que vous camouflez révèle ce qui vous complexe. À éviter donc.

Glissez le devant de votre haut dans le pantalon et montrez la ceinture. Cette dernière et le pull noué changent complètement l'allure.

Pour cacher le ventre et les hanches sans alourdir la silhouette, nouez plutôt une chemise autour de la taille.

Pour une silhouette plus élancée !

Vous vous trouvez trop petite. Vous aurez beau faire du sport, vous ne grandirez pas ! Voici quelques techniques de mode qui vous aideront à paraître plus grande.

Nouez un pull sur les épaules plutôt que sur les hanches.

En automne et en hiver, portez la même couleur en haut et en bas et ajoutez un gilet long par-dessus !

Pour allonger les jambes, portez des collants ou des chaussettes assorties aux chaussures. Chaussez des escarpins ou utilisez des semelles rehaussantes.

Assortissez la couleur des chaussures à celle du pantalon. Si vous chaussez des derby ou des tennis, choisissez des lacets de couleur assortie.

Les rondeurs des hanches, des fesses et des cuisses…

Les rondeurs du bas du corps sont un souci que partagent beaucoup de femmes. Camouflez-les avec un pull ou une chemise noué sur les hanches ou en faisant diversion avec des accessoires qui attirent l'attention sur une autre partie du corps. Mais pour alléger la silhouette, rien n'est plus efficace que de dégager les poignets et les chevilles !

Une chemise nouée sur les hanches.

Un pull un peu ample, le devant rentré dans le pantalon, et une fine ceinture.

Le foulard autour du cou fait diversion, en attirant l'attention vers le haut du corps.

C'est plutôt le haut de votre corps qui vous complexe ?

Des épaules trop fortes, des bras trop charnus, une poitrine trop généreuse… Beaucoup de femmes sont complexées par le haut de leur corps.

Nouez un pull ou un T-shirt manches longues de couleur claire sur les épaules.

Un col bateau ou des manches tombantes affinent les épaules.

Insérez le devant d'un pull assez ample dans le pantalon pour donner du mouvement au look.

Looks à petits prix

PRINTEMPS

Un look printanier frais et délicat !

Une chemise rose à petit prix est très chic associée à des tons neutres : un pull gris pastel à grosses mailles posé sur les épaules, deux débardeurs gris et blanc en dessous. Complétez avec des bracelets et une ceinture de coloris assortis aux débardeurs... sans oublier le rouge à lèvres rose mat.

ON

Quand vous enfilez le pull...

... ses grosses mailles et le coton extra fin de la chemise forment un contraste de matière très stylé.

PLUS

Avec un trench-coat

Laissez entrevoir les boutons de la chemise et retroussez les manches par-dessus celles du trench-coat : c'est si féminin.

Du jean pour twister un look sophistiqué

Oubliez l'association veste en jean et tenues décontractées. Portez-la plutôt avec une tenue élégante dans un camaïeu de beige. Enroulez une étole autour du cou, à la va-vite, pour composer un look faussement négligé. Une bonne technique pour être chic sans paraître trop apprêtée.

MIX

Jean sur monochrome noir !

Laissez dépasser le bas du débardeur blanc et créez la surprise en associant des derbies au pantalon en molleton resserré aux chevilles.

OFF

Sans la veste...

... un camaïeu de beige, c'est joli, mais peut-être un peu trop sage. Mettez donc du noir pour le sac et les escarpins.

Douceur et rigueur : un subtil dosage

La veste noire de coupe classique, cintrée aux épaules, est tout en contraste avec la douceur de la tenue qui combine un pull jersey gris clair et un pantalon denim rose pastel.
Laissez entrevoir le débardeur blanc à l'encolure et au bas du pull.

MIX

Chic insolite !

Conciliez confort et élégance en associant la veste à un pantalon en molleton de coupe fuselée.

Mode synchro kids

Pareil pour la marinière, la veste et les tennis, mais remplacez le pantalon par une jupe et inversez les coloris du haut et du bas.

Style masculin-féminin

Une veste de style militaire sur un haut noir et quelques notes féminines en contrepoint : un collier de perles, des bracelets, un pantalon skinny et des escarpins. Vous trouverez sans peine des escarpins à talons hauts très confortables et à petit prix !

PLUS

Avec la même veste...

... une tenue avec des coloris plus doux. Complétez-la avec des bijoux argentés pour faire écho au gris du pantalon.

Mode synchro kids

Le blouson se range dans une pochette. Très pratique quand la météo est changeante !

Plus subtil que les couleurs pastel : les nuances « fumées »

Les articles à petits prix de coloris nuancés sont étonnamment chic ! Le vieux rose, le gris bleu ou le bleu fumée sont élégants et faciles à combiner. Sous le pull, un débardeur blanc tout simple. Évitez les matières satinées. Le coton naturel est plus sain et tellement plus frais !

MIX

Vieux rose et denim délavé

De tons pastel légèrement grisés, le rose et le bleu sont aussi discrets que des tons neutres.

MIX

Le même pull bleu fumée…

… avec un pull bleu marine et un denim blanc. Complétez avec des bijoux argentés, une ceinture et des bottines grises !

Jupe évasée et bottes en cuir

Une association de coloris très classique : gris, blanc et noir ! Le blanc est une couleur salissante, mais si lumineuse et si fraîche. Avec des articles à petits prix, pourquoi se priver ? Le pull à larges côtes, le sac en simili cuir et les bottes twistent le design un peu trop sage de la jupe blanche à larges plis plats.

Mode synchro kids

Un gilet en molleton sur un petit combiné bien pratique : une jupe en tulle cousue sur un haut en tricot.

MIX

Avec un denim

Pull gris, denim délavé et tennis blanches. Complétez avec un collier écru, une ceinture vert olive et un sac grège.

Molleton et cuir noir

La marinière et le pantalon en molleton atténuent la froideur de la veste. Les matières sont très différentes, mais le camaïeu des tons préserve l'harmonie. Tout compte fait, le molleton chiné, c'est très chic !
Rentrez la marinière dans le pantalon pour montrer le joli nœud du cordon de serrage du pantalon.

MIX

Un autre modèle de veste

Veste en cuir camel et bottes de style équestre : l'allure est féminine, bien loin du style cavalier.

MIX

Le même blouson noir…

… sur une tenue 100 % blanc jusqu'aux derbies ! Réduisez le contraste avec un débardeur gris et de longs colliers.

Couleurs nuancées et petits prix font bon ménage !

Facile à assortir aux tons neutres, le vieux rose est l'une de ces couleurs nuancées qui rehaussent discrètement le charme des tenues printanières.
Pour se jouer des caprices de la météo, un trench-coat ou une veste en jean.

MIX

Un pull bleu marine sur un T-shirt blanc

Le pantacourt gaucho se combine avec des articles tout simples. La prochaine fois, je l'essaie avec des chaussettes et des talons hauts.

MIX

Les mêmes articles combinés autrement

La marinière sur le pull bleu marine éclaire le visage. Raffinez le style avec un collier en perles et des escarpins.

Une jupe qui séduira les adeptes du pantalon !

La jupe crayon tombe aux genoux et élance la silhouette. Taillée dans une matière stretch, elle est divinement confortable.
Une jupe noire et une chemise blanche font trop penser à un uniforme. Combinez plutôt une jupe bleu marine et une chemise en oxford gris-bleu.

Le secret d'une silhouette élégante ? L'aisance !

Les vêtements amples sont plus confortables et avantagent la silhouette. Intéressez-vous aux formes et aux matières sans donner trop d'importance à la taille du vêtement !
Ce pull, je l'ai choisi deux tailles au-dessus. Il a belle allure quand je rentre le devant dans le pantalon !

Cultivez la grande classe avec des étoles

Les étoles sont idéales pour parfaire l'harmonie d'une tenue. Elles rééquilibrent les couleurs et les volumes, atténuent le contraste des matières... J'utilise en général des étoles de grand format en mélange de soie et de coton. Douces et très souples, je peux les arranger à ma guise !

MIX

Le même pantalon noir

Sous le trench-coat, du noir de pied en cap ! Allégez la silhouette avec un collier doré, une ceinture beige et des chaussures claires.

Mode synchro kids

Du gris en écho aux ballerines à bouts pointus de maman, un legging noir et un charmant petit bonnet noir en tricot.

Une étole grand format à petit prix

J'adore le coloris subtil de cette étole : un gris givré, lumineux mais pas trop, parfait pour compléter mes tenues printanières ! L'association derbies noires vernies et pantalon resserré aux chevilles est amusante. Elle a aussi le mérite d'allonger les jambes !

MIX

La même chemise blanche…

… sur un pantalon blanc cassé. Complétez avec quelques touches de beige et de gris.

Mode synchro kids

Un pull gris sur les épaules et un sac beige, comme maman ! Ma fille adore nos tenues assorties.

Du blanc pour des tenues détente

Une tenue 100 % blanc sous une veste à capuche bleu marine. Ajoutez quelques touches féminines : un collier doré, une fine ceinture, une pochette originale et des escarpins à talons hauts. Un zeste d'audace en plus ? Remplacez la veste à capuche par une veste de sport.

MIX

Avec la même veste

Le jaune citron vient bousculer l'association classique bleu marine, gris et blanc. Complétez avec un sac et des escarpins noirs.

Mode synchro kids

Du jaune citron aussi ! Et par-dessus le cardigan, une veste en jean aux détails soignés.

Le chic des pantalons 7/8^{e}

Ils laissent voir les chevilles et sont très élégants portés avec un pull et une belle étole.
Rentrez le devant du pull dans le pantalon pour alléger la silhouette.
Un gris ou un bleu de ton assez pâle s'associe aisément avec l'écru et le beige !

MIX

Le même pantalon…

… avec une chemise rose pâle, manches retroussées. Complétez avec un pull gris foncé et des ballerines argentées.

MIX

Avec une autre chemise

L'association du bleu et du gris est fraîche et élégante ! Le pull blanc éclaire le visage et le noir rehausse l'ensemble.

Apprivoisez le camel

C'est un coloris assez trompeur : il semble discret, mais il suffit de le porter pour s'apercevoir qu'il est plutôt voyant ! Alors autant lui donner la vedette. Combinez des derbies camel à des tenues toutes simples : un jean brut non délavé et un pull blanc cassé par exemple.

MIX

Et le jour suivant ?

On change de style ! Deux T-shirts superposés avec un pantacourt gaucho qui combine coupe ample et matière fluide.

Mode synchro kids

Une jolie veste à basques pour rattraper l'allure garçonne du jean et des baskets !

Carreaux vichy version chic

Un bleu de ton foncé et des petits carreaux sont plus élégants. Pour éviter de surcharger la tenue, combinez le vichy à des articles de coloris uni. Croisez le devant de la chemise pour laisser apparaître le débardeur blanc et le pull noir.

OFF

Chemise nouée sur les hanches...

... pour atténuer le contraste noir et blanc. Les chemises en gaze de coton ne se froissent pas. Nouez-les sans hésiter.

Mode synchro kids

Un vichy à plus gros carreaux. J'arrange la chemise en cache-cœur, mais ma fille s'empresse de l'enlever !

Zoom sur... (1)

Bijoux et autres accessoires pour avoir de la classe en tenues à petits prix !

[Les chaussures]

Je collectionnais des modèles à talons hauts à 150€ la paire, mais pendant la grossesse, plus question de me percher si haut ! Une petite révolution s'est opérée dans mon placard à chaussures avec l'entrée en force de modèles moitié moins chers et à petits talons !

Chaussures plates ou à petits talons

Elles sont tout aussi confortables que des tennis, mais plus raffinées. Les ballerines sont charmantes et rapides à chausser. Elles existent dans une large palette de coloris. Les derbies et les mocassins sont d'allure assez masculine. J'aime les porter en contraste avec des tenues féminines.

Escarpins et sandales à talons hauts

Dès que ma fille a commencé à marcher, l'interdiction des talons hauts a été levée ! Mais comme entre-temps j'ai pris goût au confort, je ne porte plus que des modèles dotés d'une bonne semelle intérieure. Les talons de mes escarpins mesurent entre 6 et 7 cm.

Bottes

J'adore les bottes, mais depuis la naissance de ma fille, j'ai délaissé les modèles avec fermeture à glissière. J'ai besoin de me chausser et me déchausser en un clin d'œil.
Comme mes bottes sont à petits prix, je ne me prive pas de les porter les jours de pluie !
Les bottines de couleur grège à talons mi-hauts sont mes préférées.

Baskets, tennis et slip-on

Les tennis slip-on à motif python ou panthère rehaussent les tenues trop sages. Les tennis et les baskets apportent une note masculine. J'aime les porter en contraste avec une tenue féminine.
Une bonne astuce pour allonger les jambes : une seule et même couleur pour les tennis, les lacets et le pantalon !

[Les chaussettes et collants]

Les collants et les chaussettes les plus faciles à assortir sont tout simplement noirs ou de différents tons de gris ou de beige. En hiver, j'aime porter des collants côtelés ou opaques, assez épais (de 150 deniers).

Coordonner des chaussettes

Pour qu'elles s'intègrent bien à l'ensemble, composez un camaïeu plus ou moins tranché jupe ou pantalon, chaussettes et chaussures !

Une jupe gris clair, des chaussettes gris foncé et des chaussures noires vernies. Voici un style très japonais !

Les chaussettes et les chaussures sont de tons assez proches. Le bleu très pâle du revers du denim atténue le contraste entre le bleu et le beige.

Pour faire ressortir le charme d'un pantalon 7/8e, portez des chaussettes dont le coloris tranche avec celui du pantalon !

Égayez la mode hiver !

Pour changer du sempiternel noir et alléger la silhouette, portez des collants bleu marine, gris anthracite, gris-bleu, ou grège

Le gris anthracite est plus subtil que le noir et le motif côtelé donne une impression de chaleur.

Des collants noirs trancheraient trop sur une jupe claire... Le gris bleu est d'un bien meilleur effet !

Le grège se marie bien au gris bleu et au noir. Pour un meilleur équilibre des coloris, chaussez des bottes !

Boucles d'oreilles

J'aime les boucles d'oreilles avec des perles ou serties de pierres colorées. Mais depuis peu, je me suis entichée des boucles d'oreilles créoles, toutes simples !

Bracelets

Je porte des bracelets tous les jours ! Je n'hésite pas à les combiner entre eux !

Colliers classiques

Depuis la naissance de ma fille, je porte des colliers courts. Les colliers très longs avaient tendance à s'accrocher quand je me penchais. Je les porte maintenant en double tour !

Colliers fantaisie

Les colliers fantaisie sont assez volumineux. Ils sont parfaits pour rehausser des hauts unis tout simples !

[Les bijoux et autres accessoires]

Les meilleurs articles à petits prix sont des vêtements de couleur unie et de coupe simple. C'est en les associant judicieusement à des accessoires et à des bijoux qu'on réussit à composer des tenues élégantes.

Mes combinaisons préférées

Superposition de colliers et de bracelets fins, dorés ou argentés, sur un chemisier tout blanc.

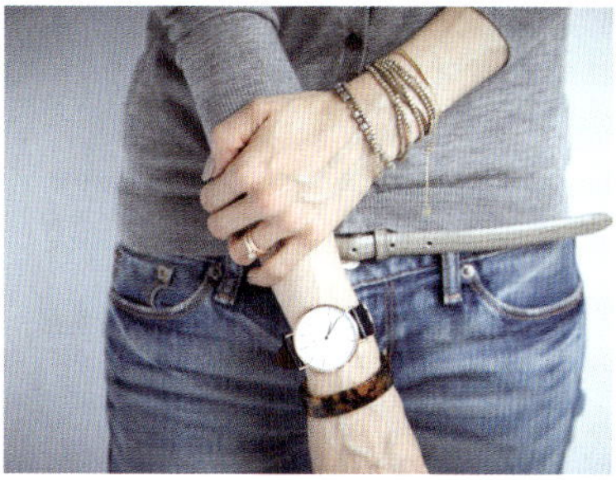

Une montre à large cadran associée à un bracelet manchette en corne.

Des boucles d'oreilles avec une perle et un bracelet en cuir associé à un fin bracelet en or.

Une combinaison raffinée de plusieurs bracelets fantaisie gris et bleu-turquoise.

Sur un poignet, une montre de luxe, sur l'autre, un bracelet en cuir grège associé à un bracelet doré.

Un collier et des boucles d'oreilles à perles combinées à une montre à large cadran montée sur un bracelet tissé de style décontracté.

[Les étoles]

Châles, étoles, pashminas et écharpes : le charme des tenues basiques leur doit tout ! Ils se portent en toutes saisons noués de diverses façons autour du cou ou déployés sur les épaules. Ils se nouent également à l'anse d'un sac.

Étoles printemps-été

Les boutiques en ligne en proposent de toutes sortes à prix très raisonnables. Choisissez-les souples, douces et légères, dans des tons nuancés. Les mélanges soie et coton ou soie et modal sont très beaux.

Étoles automne-hiver

Mes étoles d'hiver sont de deux sortes : il y a les étoles de coloris uni 100 % cachemire et les étoles à motif, achetées pour la plupart à petits prix. Je les prends toujours de grand format (env. 80 x 200 cm) pour avoir la liberté de les porter de diverses façons. J'aime beaucoup les motifs tartan : le rendu est toujours impeccable, même sur les articles à petits prix !

Nouage compact

1. Faites un tour autour du cou.
2. Ramenez l'un des pans vers l'arrière. Glissez-le sous la boucle autour du cou pour le ressortir légèrement à l'arrière. Procédez de même avec l'autre pan.

Nouage croisé

1. Faites un tour autour du cou, en vrillant légèrement l'étole sur elle-même.
2. D'une main, élargissez la boucle, et de l'autre, tirez légèrement l'un des pans de l'étole pour former un U.
3. Glissez la première main dans le U pour saisir le pan opposé.
4. Ramenez-le de l'autre côté.

Un simple tour, les deux pans tombants

Pour un effet plus naturel, ne pliez pas l'étole en deux. Vrillez-la plutôt légèrement sur elle-même tout en la passant autour du cou.

Comme un châle

Une étole de grand format peut se porter comme un châle, déployée sur les épaules.

[Les sacs]

Les sacs en cuir de qualité prennent une belle patine avec le temps.
Mais il est aussi utile d'avoir des sacs à petits prix en simili cuir ou en matière déperlante qui ne craignent pas la pluie.

Sacs de marque

J'ai plusieurs sacs de marque, achetés il y a plusieurs années, dont je prends grand soin. Ils sont tous de style intemporel : design sobre et coloris classique. J'aime l'élégance des sacs à main, mais le sac que j'utilise le plus aujourd'hui est un grand cabas doté de longues anses que j'accroche à la poignée de la poussette.

Sacs à petits prix

Je les choisis légers et de grande contenance pour y fourrer toutes sortes de choses ! Comme j'ai besoin d'avoir les mains libres quand je me promène avec ma fille, je préfère les sacs qui se portent sur l'épaule ou en bandoulière. Les sacs à dos dotés de poignées sont eux aussi bien pratiques.

Les ceintures fines de coloris neutre ou nuancé soulignent le chic des pantalons classiques à plis marqués. Pour bousculer les tenues un peu trop sages, j'en ai aussi une à imprimé léopard en simili cuir à poils ras.

Les ceintures en coton tissé ont un style décontracté. Mes préférées sont ornées d'une bande centrale dorée et d'empiècements en cuir. Elles sont stylées et faciles à combiner !

Le motif imitation croco, légèrement en relief, a un chic fou ! La vert olive est ma ceinture fétiche.

[Les ceintures]

Ce sont des accessoires de mode incontournables ! Les ceintures fines sont très faciles à porter. Elles maintiennent en place les chemises glissées dans le pantalon tout en apportant une touche féminine. J'aime les boucles dorées ou argentées, fines et élégantes.

[Les débardeurs]

J'en ai toute une collection de coloris et de longueurs variés. Je les porte toujours par deux, de tons contrastés, en superposition.

Je les laisse entrevoir au niveau des épaules, près de l'encolure, au bas d'un pull ou d'une chemise.
Mes débardeurs sont unis, de tons neutres ou de coloris nuancés. Ils sont le plus souvent en coton côtelé, une matière saine, douce et confortable.
En été, il m'arrive de porter des modèles plus fantaisie en lamé doré ou argenté, ou avec des paillettes.

[Les montres]

Pour mon 24e anniversaire, je me suis offert une Ballon bleu de Cartier. Je la porte de temps en temps, en alternance avec d'autres montres qui me mettent plus à l'aise ! J'ai une préférence pour les montres à large cadran. J'en ai plusieurs, montées sur des bracelets de coloris et de matières variés.

[Bien coordonner les accessoires]

Une bonne coordination privilégie une seule couleur ou harmonise des coloris évocateurs de la saison !

Beige

Blanc cassé, écru ou grège : une association tout en délicatesse de tons voisins du beige !

Noir

Les touches foncées alourdissent la silhouette ! Pour équilibrer, jouez sur le volume du sac, la hauteur des bottines...

Hiver

Des coloris variés pour animer des tenues monochromes ! Utilisé en simple touche, l'imprimé léopard est du meilleur effet !

Été

Frais et discret, le blanc cassé s'associe bien aux couleurs sourdes comme le vert olive.

Looks à petits prix

ÉTÉ

Fraîcheur et féminité !

L'association du bleu givré à des tons sable ou écrus donne des tenues élégantes et décontractées. Une chemise en gaze de coton ne se froisse pas. Portez-la en cache-cœur, par-dessus une superposition de débardeurs. Ornez vos poignets de jolis bracelets et retroussez les manches.

ON

Nouez la chemise sur les hanches !

C'est bien pratique de l'avoir à portée de main pour se protéger du soleil ou d'un petit vent frais.

PLUS

Coton et denim

Bien plus chic qu'un total look denim ! Complétez votre tenue avec une ceinture en coton tissé noire dotée d'une bande dorée.

Un short élégant et des sandales Birkenstock® !

En été, osez les modèles de short de type jupe-culotte courte. De coupe ample, ils recouvrent plus du tiers des cuisses. Utilisez une étole pour attirer le regard vers le haut du corps. Quand il fait chaud, attention à la transpiration : évitez les T-shirts trop ajustés.

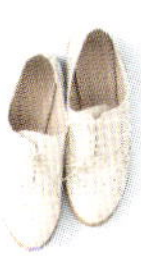

MIX

Le même short...

... avec une chemise croisée en cache-cœur pour composer une tenue plus élégante. Complétez avec des bijoux.

MIX

Les mêmes T-shirts superposés...

... avec un pantalon resserré aux chevilles. Complétez avec un collier fantaisie et un sac à dos gris graphite.

Du marron en été

Associé à du blanc et à de l'écru, le marron trouve légitimement sa place dans les tenues estivales. Ce haut en jersey sans manches est très frais, superbe avec un collier en petits coquillages. Portés sur des tenues marron ou grises, les colliers fantaisie souvent volumineux ont tout de suite un air plus chic. Le cardigan en lin est un must en été pour protéger les épaules des U. V.

MIX

Lin, coton et cuir

Complétez la tenue avec un sac et des escarpins noirs pour composer un style plus urbain.

MIX

Le même haut marron…

… avec une jolie étole grège et un jean effet usé-déchiré. Parfait avec des spartiates à talons hauts.

Osez les denims colorés !

Le blanc, le beige et le marron mettent en valeur le hâle de la peau et se marient très bien aux tons orangés, pêche ou abricot. Les jeans denim se déclinent dans une vaste palette de coloris. Pantalon, jupe ou bermuda, les couleurs chaudes sont plus seyantes portées sur le bas du corps ! Privilégiez les nuances pastel.

MIX

Avec un denim beige

Vous préférez la discrétion du beige ? Rehaussez la tenue avec quelques accessoires de coloris plus sombre.

Mode synchro kids

Avec l'adorable jupette à volants très girly et le petit cardigan pêche, osez une paire de baskets.

Élégante avec un jean effet « hard wash »

Le « hard wash » est un procédé de délavage qui confère aussi à la matière une plus grande souplesse. Composez une tenue très stylée en associant à un jean une chemise blanche, des bracelets gris et une étole vieux rose ! Complétez avec des escarpins à imprimé python.

MIX

Avec une autre chemise

Le gris fumée se marie bien au bleu clair. Sous la chemise, des débardeurs blanc et gris. Complétez avec des accessoires gris vert.

Mode synchro kids

Blanc, gris et rose : une harmonie très sage qui met en valeur cette charmante robe à bretelles volantées et bordée de dentelle.

MIX

La même chemise…

… avec un short
en denim blanc cassé
et des spartiates à talons
hauts pour allonger
les jambes.

Mode synchro kids

Une charmante robe avec
un joli imprimé vert kaki,
un haut avec des manches
volantées et un legging.

Le vert kaki, une jolie couleur pour l'été

Le vert kaki se prête aussi bien à des tenues chic que décontractées. C'est un coloris relativement sombre, mais sans lourdeur. Il est parfait pour une chemise en coton ou en lin !
Malgré les manches longues, la tenue donne une impression de fraîcheur.
Complétez avec des accessoires vert olive, beiges ou marron.

Bleu marine sur noir, c'est très chic !

Les articles à petits prix taillés dans des tissus imprimés passent très bien pour peu que le motif soit classique et assez discret. Qui croirait que ce pantalon à fines rayures est un article à petit prix ? Associez-le à une blouse bleu marine ample et fluide, puis complétez avec des accessoires raffinés !

Mode synchro kids

Ce haut est légèrement oversize, mais ce n'est pas grave, vu qu'il n'a pas de manches. Je le fais passer pour une tunique.

MIX

La même blouse

En dessous, un débardeur lamé argent chic et discret. Complétez avec un sac gris graphite et des sandales.

Une charmante combinaison d'été, fraîche et raffinée

La matière est souple, la coupe est ample. Il suffit de resserrer légèrement les cordons de la taille pour dessiner une élégante silhouette ! Ce bleu marine de ton foncé est plus doux que du noir. Mariez-le à un T-shirt blanc assez fin, en modal et soie. Et sous le T-shirt, pourquoi pas un débardeur ?

MIX

La même combinaison…

… avec une marinière de ton assorti. Complétez avec un pull gris assez léger, des bijoux et des ballerines argentées.

Mode synchro kids

Une combinaison à bretelles de hauteur ajustable : c'est bien pratique, les enfants grandissent si vite !

Une jupe à motif camouflage

Légèrement délavé, le motif reste assez discret. Les coloris unis du T-shirt, du cardigan et du sac lui font écho. Qui devinerait que c'est une jupe à petit prix ? Complétez avec de jolies derbies blanches. Ne remplacez pas la jupe par un pantalon : l'allure serait trop militaire !

MIX

Plus élégant

Associez la jupe à des tons froids, du gris et du noir. LA touche finale : des spartiates à talons hauts.

MIX

Plus doux…

… avec un cardigan blanc ivoire sagement boutonné. Complétez avec des ballerines argentées à bouts pointus, des bijoux dorés et une pochette.

Des T-shirts à motif typographique !

Les motifs fantaisie donnent une allure un peu trop ado. Privilégiez les motifs sobres ! Un T-shirt à motif typographique se marie bien à des articles plus élégants comme une jupe rayée ou des ballerines. Les ballerines à bouts pointus combinent le confort des chaussures plates et l'élégance des escarpins.

Mode synchro kids

Un T-shirt gris, un short rayé et des sandales argentées. Le T-shirt est un modèle body qui reste bien en place.

MIX

Du noir en écho au motif

La jupe, les chaussettes, les tennis et le sac sont assortis au motif. Complétez avec une étole beige.

Pour sortir de la routine, associez beige foncé et rose pêche

Les éraflures de ce denim boyfriend tempèrent la douceur du coloris rose pêche !
Dans une coupe boyfriend, la fourche est assez basse et donne de l'aisance à l'entrejambe. C'est parfait pour les mamans qui en mille occasions ont besoin de s'accroupir pour se mettre à la hauteur de leurs enfants !

MIX

Avec un denim beige

Une tenue plus classique : un joli camaïeu de beige à rehausser avec un sac et des escarpins noirs.

Mode synchro kids

Le beige donne aux fillettes un air de petite dame ! Un polo, une jolie jupe évasée et des sandales argentées.

Un motif botanique très stylé

Les motifs complexes passent mieux quand ils sont portés sur le bas du corps. Ce motif à feuillage combine du kaki et du blanc. Il se marie très bien avec du noir. Il faut juste un peu de gris pour adoucir le contraste : laissez dépasser le débardeur et nouez une étole sur le sac.

Mode synchro kids

Une charmante chemise à volants sur un short à motif kaki qui fait écho au pantalon de maman.

MIX

Le même pantalon…

… avec un T-shirt marron. Pour adoucir le contraste, nouez un pull beige sur les hanches et laissez dépasser un débardeur blanc.

MIX

La même chemise blanche…

… avec un short à motif rayé très discret. Ajoutez quelques touches de gris, de beige et de vieux rose pour rehausser l'ensemble.

MIX

Croisez-la en cache-cœur

Blanc, marron et beige : portez la chemise par-dessus un débardeur et associez-la à une jupe d'allure décontractée.

Un look simplissime et pourtant si féminin

Une chemise blanche sur un denim, c'est indémodable ! Ajoutez quelques touches de beige pour rendre la tenue plus féminine. Dans l'entrebâillement de la chemise, dévoilez un débardeur en coton. Les cotons bio de qualité sont tout doux et ne se déforment pas au lavage.

Un peu d'audace : mariez la soie et le denim

Portée sur un denim, une blouse en soie est du meilleur effet ! Enhardissez-vous à nouer ses pans avant dans un style décontracté. Le collier et l'étole de tons légèrement verts font écho au coloris menthol du denim. Complétez la tenue avec un sac noir et des spartiates à talons hauts.

MIX

Une blouse en soie écrue

Une jolie harmonie de tons beiges et de blancs. Portez des sandales Birkenstock® pour taquiner l'élégance de la blouse !

OFF

Un peu de couleur

L'écru se marie très bien à un orange pêche. Explorez la vaste palette de coloris des denims.

Mon style de prédilection : des tenues simplissimes rehaussées par quelques accessoires

Du noir pour le haut, du blanc pour le bas.
Une étole et une ceinture de couleurs nuancées.
Une pochette de caractère avec un joli motif en camaïeu.
Le pantalon est de coupe ajustée, mais le haut est assez ample. Je choisis en général mes hauts une taille au-dessus, dans des cotons de qualité qui ne se déforment pas au lavage.

Associez l'écru et le kaki !

Ce cardigan écru est boutonné au dos.
Il paraît tout simple, mais se porte de quatre façons. On peut inverser l'avant et l'arrière, ainsi que le haut et le bas ! Ample aux cuisses, la coupe cargo affine la silhouette des femmes un peu rondes !

Mode synchro kids

Pour compenser des coloris assez froids, un joli petit cardigan blanc dans une matière anti-UV.

MIX

Le même pantalon cargo

Pour féminiser la silhouette, dégagez le cou, les poignets et les chevilles. Complétez la tenue avec des sandales à talons hauts.

Zoom sur... (2)

Mini-dressing de mes classiques

16 vêtements et une petite sélection d'accessoires pour s'habiller tout un mois !

31 looks printemps-été !

4 T-shirts

Deux T-shirts à manches courtes, un blanc et un écru. Ils sont en coton Supima, une matière fine et fluide qui ne se déforme pas au lavage.
Une marinière à encolure arrondie assez ouverte.
Un T-shirt noir sans manches à encolure bateau : chic et confortable.

2 cardigans et 2 gilets

Le cardigan vert d'eau mis à part, les coloris sont assortis à la sélection de pantalons et de jupes de cette garde-robe.
Le gilet à capuche en molleton et le gilet gris à grosses côtes vont permettre de créer des contrastes de matière intéressants !

2 chemises

Du lin pour la chemise vieux rose. Féminine et décontractée, elle apporte beaucoup de douceur.
Du coton pour la chemise à fines rayures pleine de fraîcheur et d'allure dynamique.

1 veste

Du gris foncé plutôt que du noir.
Le gris est plus doux et se marie aussi bien que le noir à toutes les couleurs.

2 jupes et 3 pantalons

Blanc, beige, bleu denim, gris et noir : des coloris classiques qui se prêtent à toutes les combinaisons.
Au printemps et en été, portez des pantalons 7/8e ou des jupes.

[C'est parti !]

1er jour

Sortie en famille

Le printemps s'installe timidement. Il fait encore assez frais : le gilet gris et le cardigan vert d'eau par-dessus la chemise rayée bleue.

1 étole

Les étoles unies, de coloris nuancé, sont plus faciles à assortir.
Le bon coloris printemps-été ? Le gris perle, parfait avec du blanc ou du beige.

3 paires de chaussures

Des ballerines à motif beige et noir et à bouts pointus, des baskets grises et des sandales blanches.
Les coloris sont assortis aux sacs.

3 sacs

Des tailles et des styles variés.

Un sac à main noir, un cabas écru et une pochette blanc cassé à motif beige.

Printemps-été

[Du 2e au 11e jour]

2e jour

Le cardigan bleu marine avec la jupe beige, et la marinière sur les épaules pour éclairer le visage.

3e jour

Promenade en ville

Le gilet à capuche et les baskets pour nuancer le design classique de la veste.

7e jour

Sortie entre amis

Entre le noir et le blanc, il y a beaucoup de nuances de gris. Osez le gilet gris par-dessus le gilet à capuche.

8e jour

Vive le blanc ! Encore un jeu de superposition pour un look très féminin.

9e jour

Rdv professionnel

Chic et décontracté :
le denim avec la veste grise et les ballerines à bouts pointus.

4e jour

Des tons clairs pour adoucir le bleu denim ! Et le cabas pour faire écho au T-shirt écru.

5e jour

Une silhouette élégante : un monochrome noir sous la veste grise ! Le gilet gris posé sur les épaules apporte de la douceur.

6e jour

Rdv à l'école de ma fille

Bon chic, bon genre : complétez la tenue avec quelques bijoux, une ceinture et le sac à main noir.

10e jour

Le cardigan bleu marine sagement boutonné avec le denim. Complétez avec quelques touches plus claires !

11e jour

Une variante du look du 8e jour : l'allure est bien différente quand la chemise bleue remplace la rose.

Printemps-été

[Du 12e au 21e jour]

12e jour

La chemise rose sur le pantalon 7/8e gris et quelques accessoires raffinés : l'une de mes tenues préférées !

13e jour

Une variante du look du 11e jour : la jupe beige remplace la blanche. Si vous préférez une tenue plus chic, remplacez les baskets par des ballerines.

17e jour

Jour de sortie entre mamans et enfants

Le gilet gris à grosses côtes, une ceinture en coton tissé et le sac à main noir pour agrémenter l'ensemble ultra basique T-shirt et denim.

18e jour

La marinière sur les épaules pour atténuer l'effet flashy du vert d'eau. Des accessoires beiges et gris pour rééquilibrer les coloris.

19e jour

Une jolie combinaison de tons clairs et sombres. Les baskets et la pochette apportent un peu de fantaisie à ce look très classique.

14e jour

Sortie au parc avec ma fille

Pour une promenade au parc, le cardigan vert d'eau confectionné dans une matière anti-UV.

15e jour

Une variante du look du 4e jour : la chemise bleue à la place des T-shirts superposés ! La chemise chic et le gilet décontracté forment un joli contraste.

16e jour

L'association des coloris est charmante. Une astuce pour allonger les jambes quand on porte des chaussures plates : donner du volume au haut du corps.

20e jour

Rdv à l'école maternelle

Un simple camaïeu de gris, c'est un peu vieillot. Pour rajeunir l'allure, la marinière et les baskets.

21e jour

Sortie shopping

Pour les sorties shopping, une tenue élégante, mais surtout des sandales pour faciliter les essayages.

Printemps-été

[Du 22e au 31e jour]

22e jour

Sortie shopping avec une cliente que je conseille

Le pantalon 7/8e noir pour l'élégance, la chemise en lin et les baskets pour l'aisance !

23e jour

Sortie en famille

Classique et féminin : pour atténuer l'éclat du blanc, le gilet gris et quelques touches de noir ici et là.

27e jour

Du noir et du beige ! Le haut noir sans manches gagne en raffinement avec quelques bijoux dorés.

28e jour

Sortie entre copines de fac

Plus subtil : du gris et du beige. Le T-shirt blanc qui dépasse fait écho aux sandales.

29e jour

Un monochrome noir rehaussé par des bijoux dorés et des accessoires beiges.

24e jour
Du rose et du beige pour égayer l'ensemble basique T-shirt blanc et jean denim.

25e jour
Sortie en soirée
Pour une soirée en terrasse, de jolis accessoires, mais aussi le gilet blanc à capuche pour se couvrir s'il fait froid.

26e jour
Sortie avec ma fille
Les T-shirts blanc et écru superposés, une jupe beige et une ceinture en coton tissé avec une bande dorée.

30e jour
Sortie au supermarché
L'élégant pantalon noir 7/8e fait oublier les T-shirts et les sandales !

31e jour
Du bleu ! La chemise rayée bleue et le sac à main noir atténuent l'allure décontractée du jean.

page 120 : 31 looks automne-hiver !

Looks à petits prix

AUTOMNE

Tricot et coton : un joli mariage de matières

Une combinaison de bleu, de gris et de blanc, parfaite pour une transition en douceur entre la chaleur de l'été et les premiers frimas d'automne. Ce cardigan long à col châle, sans boutons, est un modèle indémodable.
La bande côtelée au bas des manches, plus haute que d'habitude, est discrètement originale.

Mode synchro kids

Ce gilet qui vient du rayon garçon d'une boutique à petit prix va très bien à ma fille. Pensez à explorer les rayons pour les garçons.

MIX

Parfait aussi sur un jean denim

Ce cardigan-châle convient à toutes les situations. Quand je vais au parc avec ma fille et que je joue avec les enfants, je peux m'accroupir sans le salir.

Style masculin-féminin

Chemise rayée, jean délavé et froissé, pull à grosses mailles, des tons bleus… Quand la tenue est masculine, apportez des touches féminines : dégagez poignets et chevilles, mettez un beau collier et superposez plusieurs bracelets !

Mode synchro kids

Comme maman !
Le devant de la chemise rentré dans le pantalon et un pull sur les épaules.

MIX

Si vous enfilez le pull…

… , pour alléger la silhouette, laissez dépasser le bas de la chemise et sortez les bandes de bas de manche.

Une chemise sous la marinière

Choisie une taille au-dessus, la marinière se prête à des jeux de superposition. Par-dessus une chemise, elle devient élégante. Une étole joliment nouée autour du cou atténue l'effet graphique des rayures. Le pantalon beige rosé s'assortit aussi bien au beige qu'au rose.

MIX

Avec un autre pantalon

Ce pantalon gris classique se marie bien à ces tennis slip-on en cuir à poils ras. Elles sont aussi chics que des mocassins.

OFF

Sans la marinière

Montrez le bas du débardeur ! Du noir pour le sac et les escarpins.

Des escarpins rouges !

Je privilégie en général les collants de coloris nuancé, mais avec ces escarpins rouges, pas d'hésitation : du noir opaque. Sur la jolie jupe noire de coupe évasée, un pull chaussette gris clair assez fin. Surtout pas de noir ou de blanc !

Une tenue féminine et décontractée

Le bleu se marie bien aux couleurs automnales. Comme le froid ne s'est pas encore installé, avec cette jolie chemise en coton, pourquoi pas une mini-jupe en velours côtelé ? Portée avec des collants opaques, la mini-jupe n'a rien d'osé.

MIX

Le pull par-dessus la chemise

Laissez les manches et le bas de la chemise dépasser sous le pull blanc cassé à torsades. Des bottines pour affiner les jambes.

Mode synchro kids

Une chemise bleue avec un cardigan blanc posé sur les épaules, et une jolie jupe froncée serrée à la taille par un élastique !

Pull chaussette et étole tartan

Choisi assez ample, ce pull affine la silhouette. Un col roulé qui ne serre pas le cou est aussi tellement plus confortable. Avec une étole, l'ensemble est très chic. Les camaïeux de gris et de marron de cette étole en font un accessoire très facile à assortir. Le motif tartan est très bien rendu, même si c'est un article à petit prix !

MIX

Pull chaussette noir

Pour rehausser cette tenue, une étole tartan à carreaux rouges et verts nouée sur l'anse du sac.

MIX

Avec une mini-jupe

Le même haut associé à une mini-jupe en velours côtelé de coloris camel : une tenue d'automne qui a beaucoup de charme !

Des tennis slip-on pour apporter une touche chic

Comme le col de la marinière est rond et assez ouvert, le résultat n’est pas trop lourd malgré la superposition de plusieurs couches !
Ces tennis slip-on à imprimé python sont aussi faciles à assortir qu'une simple paire de chaussures grises. Dotées d’un talon de 3 cm, elles sont stylées et confortables.

MIX

La doudoune avec une jupe crayon

Le motif à rayures gris et marine reste assez discret. Cette jupe crayon est élégante et facile à coordonner.

Mode synchro kids

J’ai longtemps cherché une jupette rayée dans le rayon enfant avant de trouver celle-ci qui combine gris foncé et clair.

MIX

La chemise nouée sur les hanches

En automne, le temps est instable. Portez une chemise par-dessus un pull assez fin, et si vous avez trop chaud, nouez-la sur vos hanches ! Cette tenue se combine aussi bien avec des tennis qu'avec des escarpins.

Mode synchro kids

Les carreaux sont plus grands et comportent des bandes rouges. Quand la taille de la chemise est juste la bonne, le résultat est chic et mignon.

Chemises à carreaux : des tons sombres !

Les chemises en flanelle à carreaux sont chaudes et confortables ! Leur allure un peu rustique s'accorde bien avec la saison. Pour nuancer le tout, osez des escarpins bleus.

Un pull d'homme taille S

Le rouge de ce pull me plaisait tant que je n'ai pas hésité à acheter un modèle homme ! Assez ample, il donne une allure décontractée. Il s'associe très bien avec un pantalon cargo. Celui-ci est confectionné dans une matière stretch : les jambes sont amples, mais il est bien ajusté aux hanches.

MIX

Le même pull...

... avec un pantalon gris à plis marqués et un joli collier fantaisie à billes grises pour lui faire écho.

Mode synchro kids

Un pull framboise avec des volants aux épaules et un pantalon beige de style garçonnet.

Un pantalon à carreaux

En automne, c'est vite lassant de porter des pantalons de coloris sombre. Ce motif à carreaux, qui combine du gris à un rouge assez terne, apporte un peu de gaieté. Associé à un haut sobre et classique, il n'est pas trop voyant.

MIX

Un autre pantalon à carreaux

Un autre motif à carreaux relativement discret : une combinaison de vert et de bleu marine. Associez-le avec du blanc cassé et du gris.

MIX

Le même haut…

… avec un pantalon en molleton tout doux ! Des escarpins beiges et un sac camel pour rehausser le style décontracté du pantalon.

Une doudoune et une jupe évasée

Ni trop long, ni trop volumineux, ce modèle de doudoune à capuche et sans manches se combine très bien avec les chemises. Comme il ne coûtait pas cher, j'en ai acheté de divers coloris. C'est un très bon article de mi-saison ! Il se marie aussi bien à un pantalon qu'à une jupe.

Mode synchro kids

La chemise bleue est en gaze de coton, toute douce sur une peau délicate d'enfant.

MIX

Avec un pull rayé en plus !

S'il fait un peu froid, intercalez un pull entre la chemise et la doudoune. Pour faire écho au pull, une jupe crayon grise.

T-shirts à logos sobres

Pour éviter de basculer dans une mode trop ado, choisissez plutôt des logos typographiques blancs, noirs ou gris ! Ce T-shirt bleu marine à manches longues orné d'un logo blanc s'assortit sans peine à un élégant pantalon à plis marqués.

Mode synchro kids

Ce n'est pas évident de trouver des logos sobres dans la mode enfants. Ce T-shirt vient du rayon garçon.

MIX

Le même T-shirt…

… avec un pantalon de coupe ample. Un pull gris sur les épaules et des tennis blanches pour faire écho au blanc du logo.

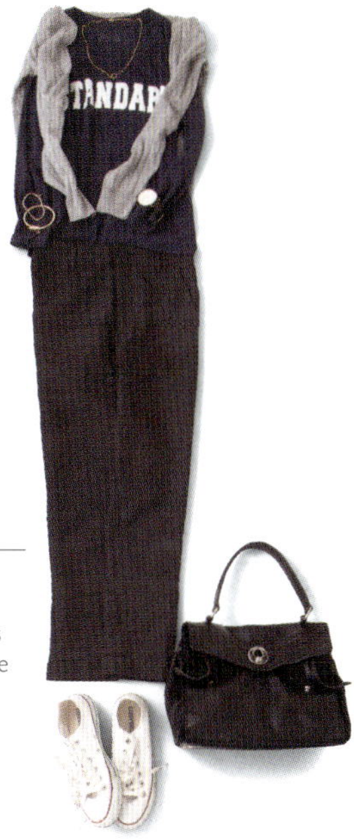

Un joli poncho façon snood en tricot

J'adore ce poncho à torsades qui rend bien l'esprit tricot ! Je le porte toujours avec une chemise blanche en coton. Les grosses torsades apportent une touche chaleureuse à cette tenue assez stricte.

MIX

Le même poncho-snood

Rien de tel qu'un poncho en tricot pour apporter de l'originalité à l'association basique chemise blanche et jean denim.

MIX

Le même pantalon

Une tenue très classique, toute en sobriété.
Ce pantalon de coupe ample à rayures grises est confortable et élégant.

MIX

Le même haut…

… avec une jupe évasée et des collants beiges. Un T-shirt à rayures noires et marron a beaucoup d'allure et s'assortit facilement.

Mode synchro kids

Le cuir, ce sera pour plus tard ! Une veste noire en molleton, un T-shirt marron et blanc, et un pantalon beige.

Le chic de la veste en cuir

Une veste en cuir noire de style sobre et assez courte est un article très féminin. Combinez-la à un pantalon et à des escarpins de coloris clair pour adoucir l'ensemble. Sous la veste, un T-shirt à rayures noires et marron.

Un pull à col V en jersey blanc cassé

Un pull à col V blanc cassé, assez fin, ni trop ajusté ni trop ample : un must de la garde-robe d'automne. Il se prête à mille associations et éclaire le visage. J'aime le combiner avec une chemise en flanelle kaki de style rustique.

MIX

Avec la chemise

La chemise et le jean denim sont tous deux de style assez masculin. Pour compenser, retroussez les manches, portez des bijoux et chaussez des escarpins.

MIX

Avec le denim

Le vert-de-gris est une jolie couleur d'automne qui se marie naturellement avec le gris. Le chic de cette tenue tient à la combinaison des coloris.

Un joli collier sur un pull chaussette

Un collier à plusieurs rangées de billes en résine ou en pierre donne beaucoup d'allure à un pull chaussette tout simple. Dans cette tenue, le collier beige fait écho aux escarpins et à la pochette.

MIX

Le même pantalon…

… avec un autre pull à col roulé. Ce pull est assez fin. Par-dessus, un joli collier doré ! N'hésitez pas à porter des colliers sur les pulls à col roulé.

Mode synchro kids

Un pull vert-de-gris et un pantalon à motifs. Le T-shirt blanc qui dépasse sous le pull : quel chic !

Au secours Noriko !

Zoom sur... (3)

Les deux plus grands soucis des femmes qui font appel à mes conseils !

« J'ai beau avoir beaucoup de vêtements, je ne sais pas à les associer pour composer des tenues variées ! »

Effectivement, on peut avoir une penderie pleine à craquer et avoir du mal à s'habiller ! Quand j'analyse la garde-robe des femmes qui rencontrent ce problème, je note un certain nombre de points communs :

1. Beaucoup d'articles très design sont achetés sur un coup de cœur !
2. Il n'y a presque pas d'articles de tons gris ou beiges.
3. Beaucoup d'articles sont assez moulants.
4. Le choix est très limité en matière d'accessoires.

Point par point, voici comment remédier au problème !

1 Achetez des articles passe-partout !

Pour réussir à combiner les vêtements, il faut privilégier les coloris unis, mais aussi les designs basiques. Les hauts à épaules tombantes ou à manches dolman ont beaucoup de charme, mais ne se prêtent pas aisément aux jeux des superpositions. Les pulls à encolure V très échancrée se portent forcément par-dessus un autre vêtement.
Référez-vous au point n° 2, exposée p. 12 : plus les articles sont simples, mieux ils se combinent ! En les superposant, en y ajoutant des accessoires, on peut leur donner des allures très variées.
Ne vous laissez pas influencer par la mode et achetez de vrais basiques !

Quelques exemples :

- Achetez des hauts sans le moindre élément décoratif et portez-les avec des colliers.
- Plutôt que des pulls avec un volant froncé sur le bord inférieur, achetez des pulls tout simples que vous porterez par-dessus un long débardeur avec un bord inférieur froncé.

2 Apprenez à jouer avec les coloris de « liaison ».

Les articles gris et beiges s'assortissent facilement à toutes les autres couleurs et adoucissent les contrastes trop francs entre deux couleurs.
En plus du noir et du blanc, adoptez des couleurs nuancées ! Oubliez les couleurs trop vives.
Les tenues noir et blanc sont beaucoup plus élégantes agrémentées de quelques touches de gris !
De même, les tenues marron et blanc sont plus raffinées quand on compose un camaïeu de beiges.

❸ Choisissez des hauts une taille au-dessus !

Trop ajustés, les hauts sont assez inconfortables et ne laissent aucune marge de manœuvre... En revanche, choisis une taille au-dessus, ils autorisent toutes sortes d'astuces de stylisme. Si la chemise est ample, vous pouvez croiser les pans avant ou les nouer. Vous pouvez glisser le devant dans le pantalon et retrousser les manches pour former de jolies fronces. L'allure est plus dynamique quand on donne du mouvement au tissu. Les coupes amples et les matières fluides affinent la silhouette et procurent une plus grande aisance !

❹ Enrichissez votre collection d'accessoires !

Pour avoir de l'allure, il suffit de compléter des tenues toutes simples avec quelques accessoires bien choisis ! Selon les accessoires utilisés, on arrive à des looks complètement différents. Et les accessoires n'ont pas besoin d'être extravagants !

Une petite liste pour vous aider :

- **Collier** : de jolis colliers très sobres, avec juste un pendentif.
- **Boucles d'oreilles** : une paire d'anneaux ou de perles.
- **Montre** : une montre avec un bracelet doré ou argenté.
- **Bracelet** : de fins bracelets en cuir, des bracelets qui se portent par trois ou quatre.

Les chaussures et les sacs sont également des éléments essentiels pour finaliser une tenue. Choisissez-les de couleurs assorties et de style sobre.

Avec la panoplie suivante, vous aurez déjà de quoi faire !

- **Sacs** : un beige, un noir, et un blanc.
- **Chaussures** : deux paires d'escarpins (une paire beige et une paire grise), des derbies noires et des tennis blanches.

« Je ne comprends pas le concept du « casual mix and match » ? S'agit-il d'adopter des vêtements masculins ? De porter à l'extérieur des vêtements d'intérieur ?

Le « casual mix and match » est une approche ludique de la mode qui consiste à obtenir une tenue qui a de l'allure tout en combinant des éléments pris dans des catégories a priori opposées : des articles chics et des articles décontractés, des articles classiques et des articles fantaisie, des articles masculins et des articles féminins, etc.
La mode chic décontractée que je cultive fait partie de ce jeu de combinaisons un peu audacieuses. Le but est d'être chic sans paraître trop apprêtée, ou à l'inverse de porter une tenue décontractée sans avoir l'air négligée.
Un exemple : une marinière portée avec un jean denim et des tennis devient une tenue féminine et élégante pour peu qu'on ajoute une ceinture, quelques bijoux et qu'on travaille quelques petits détails. En retroussant les manches et le bas du pantalon pour dégager les poignets et les chevilles, le résultat est beaucoup plus stylé.
Pour composer une tenue dans un esprit « mix and match », piochez quelques articles dans chacune des deux catégories ci-dessous et amusez-vous à les combiner !

Catégorie décontractée :
marinières, chemises en denim ou en lin, vestes en molleton, jeans denim, T-shirts avec logos, T-shirts à col rond, débardeurs côtelés, tennis, chaussettes, etc.

Catégorie chic :
jupes crayons, jupes évasées tombant à hauteur des genoux, pantalons blancs, pantalons à plis marqués, pulls en jersey unis, blouses fines et fluides, escarpins ou sandales à talons hauts, etc.

Essayez par exemple de combiner une veste militaire décontractée avec des articles plus chics : un pantalon blanc, des escarpins, un collier et des bracelets en perles.

Zoom sur... (4)

Shopping sur Internet !

Comme je manque de temps depuis la naissance de ma fille, j'ai pris l'habitude de faire du shopping sur Internet. C'est ainsi que je me suis procurée une grande partie des articles présentés dans cet ouvrage ! Voici quelques conseils pour faire du shopping futé dans des boutiques en ligne !

Avant de sélectionner un article

Après avoir saisi le mot-clé dans l'outil de recherche de la boutique en ligne, repérez les articles qui ont été le plus commentés.
Pour faire des achats éclairés, prenez le temps de lire les appréciations des internautes qui ont acheté et utilisé ces articles. Vous serez à l'abri des mauvaises surprises !

Consultez les évaluations laissées par les internautes sur les vendeurs

Renseignez-vous sur les vendeurs : la qualité de leur service après-vente, leurs délais d'expédition et leur politique de retour d'articles.

Suivez les conseils des blogueuses de mode !

Consultez les sites de blogueuses de mode... dont je fais moi-même partie. Les blogs de mode sont richement illustrés. Vous pourrez y découvrir jour après jour une foule de suggestions de looks. Vous trouverez des commentaires sur les atouts et les inconvénients des articles présentés, des indications de prix, etc.
Vous pourrez poser des questions.
Je me suis liée d'amitié avec plusieurs blogueuses de mode avec lesquelles j'échange de nombreuses informations !

Des adresses à adopter

Uniqlo®

Marque japonaise proposant des vêtements simples, indispensables et faciles à porter. Vous y trouverez forcément votre bonheur ! La simplicité est à l'honneur dans ce magasin où la philosophie est de proposer des vêtements de qualité à moindre coût.

Zara®

S'inspirant de modèles de grandes maisons de couture, Zara propose aussi de nombreux basiques à petits prix. Ces derniers s'associent très bien avec des vêtements de facture plus recherchée. Le magasin vend aussi de nombreux accessoires, bijoux et chaussures chics et tendance.

Mango®

Vous recherchez des vêtementsau style moderne et urbain ? Mango est fait pour vous. Vous apprécierez plusieurs styles de pièces, aussi bien des vêtements décontracté-chic que féminin-masculin.

H&M®

Avec un rapport qualité-prix plus qu'avantageux, vous trouverez de très nombreux vêtements au design plus ou moins recherché chez H&M. Entre le simple et le tendance, vous pourrez vous composer des tenues complètes à moindre prix.

La Redoute®

Le site propose des produits sophistiqués, tendance et à petits prix issus des ateliers de création de La Redoute, mais aussi de nombreux vêtements de créateurs et de marques pour se faire plaisir.

Les 3 Suisses®

Vêtements de marques, sacs et accessoires, bijoux, chaussures... vous dénicherez forcément le vêtement désiré, et même sûrement plus, parmi une vaste sélection d'articles sur ce site de vente en ligne.

Looks à petits prix

HIVER

Jeu de superposition avec un trench-coat

Quatre couches pour se tenir bien chaud : un pull, une veste en jean, un trench-coat et une grande étole ! Portez une veste en jean sous vos imperméables et manteaux d'hiver pour donner du style à vos tenues. Le pull blanc s'accorde bien avec le motif à rayures du pantalon.

MIX

Avec un poncho façon snood en tricot

Un poncho se combine aussi très bien avec un trench-coat. Portez-le déployé sur les épaules ou ramené autour du cou, comme un gros foulard.

MIX

Le même trench-coat

Le jean denim et l'étole tartan atténuent l'aspect strict du trench-coat. Nouez la ceinture au lieu de la boucler, ou bien mettez ses extrémités dans vos poches.

Une association audacieuse

Une veste à capuche en molleton, une veste en cuir et une charmante jupe blanche. La jupe est de coupe ample. Confectionnée dans un tissu infroissable, elle tombe à hauteur de genoux. Osez le blanc en hiver !

MIX

Avec un pull chaussette

Un joli pull gris sous la veste associé à la même jupe. Les vestes en cuir tiennent bien chaud. Ce sont de bons articles d'hiver.

Mode synchro kids

La même tenue avec une petite veste fourrée. La veste en molleton peut être remplacée par une doudoune sans manches.

Du beige pour adoucir le contraste du noir et du blanc

Une chemise blanche sous un pull noir à col montant. Le poncho-snood en tricot beige a des jolies torsades. Son coloris fait écho au pantalon, au sac et aux escarpins.

MIX

Avec un autre pantalon

Le même haut sur un pantalon avec des plis marqués d'allure plus chic. Chaussez des tennis pour apporter une touche décontractée.

Mode synchro kids

Un joli poncho à capuche pour faire pendant au poncho-snood en tricot. Faciles à mettre et à enlever, les ponchos sont très pratiques.

Le vichy noir, c'est très chic

Une combinaison toute simple de noir, de blanc et de beige. Le coloris noir atténue l'image un peu candide du motif vichy, et la chemise s'accorde parfaitement avec l'élégant manteau mi-long. Chaussez des bottes montantes pour rééquilibrer la distribution des coloris.

MIX

Le même manteau

Un élégant camaïeu de marron et de beige. Rajeunissez l'allure en laissant dépasser le bas d'un T-shirt blanc. Le marron met bien en valeur le collier doré.

Mode synchro kids

Le motif à carreaux se retrouve sur le pantalon ! Ce petit manteau à coupe évasée se ferme par quatre boutons. Je le trouve très mignon !

Un rose fuchsia bien vif !

Le rose fuchsia est bien plus facile à assortir qu'il n'y parait ! Un pull fuchsia porté sous une doudoune de ton violet foncé est du meilleur effet. Comme la doudoune réduit la proportion du rose, la tenue n'est pas trop voyante au final. Le coloris des collants fait écho à la doudoune.

Mode synchro kids

Une réplique miniature quasi parfaite ! Ma fille adore cette tenue. Le sac à dos fait écho au violet de ma doudoune.

MIX

La même doudoune

Une doudoune sans manches se porte aisément par-dessus une veste en jean. Compensez le style décontracté du haut en portant une jupe crayon assez élégante et des bijoux.

Chemise denim et pantalon blanc jusqu'au cœur de l'hiver !

Le tricot et le denim forment un amusant contraste de matières ! Le bleu gris du poncho-snood est un ton plus foncé que celui des bottes fourrées. L'allure un peu pataude de ces bottes a beaucoup de charme ! En hiver, on veut de la chaleur et de la douceur.

MIX

Avec un châle

Du beige pour le châle, le sac et les bottines. Avec des bottines à talons, l'allure est complètement différente !

MIX

Avec un manteau gris

J'adore associer le bleu et le gris ! Atténuez l'allure plutôt masculine de cette tenue en portant des bottines à talons beiges.

Une veste à capuche, c'est très stylé !

Quand elles sont assez fines, les vestes à capuche peuvent se porter sous une veste longue ou un manteau mi-long. Privilégiez les modèles équipés d'un double zip qui offrent la possibilité de moduler l'ouverture en haut et en bas. Chaussez des tennis pour accentuer la touche décontractée de la veste à capuche.

Mode synchro kids

Pour souligner l'harmonie en gris et bleu : une veste matelassée bleu foncé bien chaude !

MIX

La même veste longue.

Une étole grise de ton plus clair sur la veste. Rehaussez le tout avec des derbies et un sac camel.

Une doudoune à manches longues

Une tenue chaude et confortable pour aller jouer au parc ! La doudoune étant assez courte, je peux m'accroupir sans la salir. La chemise vichy noire a un joli effet décoratif. Sur le pull noir, un collier doré assez volumineux apporte une note d'élégance !

Mode synchro kids

La même chemise vichy ! Je l'ai délibérément achetée un peu grande pour l'utiliser plus longtemps, mais aussi pour pouvoir sortir le bas des manches.

MIX

La même doudoune

Sur un pull de la même couleur que la doudoune, un collier de ton plus foncé. Comme la tenue est assez pâle, rehaussez-la avec un sac et des bottines de coloris sombre.

Un beau duffle-coat à petit prix

En général, je n'achète pas de manteaux à petits prix, parce que la moindre qualité des matières saute aux yeux. Trouver ce duffle-coat a été une jolie surprise. Il était à un petit prix, beau, chaud et confortable ! Ayez l'œil quand vous faites du shopping.

Mode synchro kids

Un jeu de superposition sur le même principe que maman : par-dessus une tenue blanche, une doudoune grise et une veste matelassée.

MIX

Le même manteau

Sous un duffle-coat gris, un pull vieux rose. Le jean denim gris délavé vient bousculer ce style un peu trop sage.

Une veste matelassée à petit prix

Cette veste fourrée tient bien chaud.
Elle est agréable à porter lors de petites sorties dans le quartier. Le beige s'assortit aisément au noir, au gris et au blanc. Le collier vert kaki apporte une note colorée originale.

Mode synchro kids

Pour le haut, deux T-shirts superposés. L'un est gris, l'autre vert kaki... pour faire écho au collier de maman.

MIX

La même veste...

... avec un pull et un pantalon noirs, a une tout autre allure ! La chemise blanche qui dépasse au bas du pull allège la silhouette.

Associez cuir et molleton

Pour adoucir l'allure de la veste en cuir, une robe en molleton de coupe ample et basique qui tombe à mi-mollet. Le motif de l'étole tartan associe du marron et du gris, parfait pour compléter cette tenue.

MIX

La même robe...

... portée cette fois avec une veste en cuir noire. Une étole tartan de tons vert et bleu marine pour composer une tenue classique à souhait.

Mode synchro kids

Une veste matelassée avec un motif à larges carreaux qui fait écho à l'étole. Les vestes à motifs vont si bien aux enfants.

Des bijoux dorés et argentés pour illuminer les tenues sombres

Un pull noir, un pantalon et des accessoires gris anthracite. Cette tenue quasi monochrome met en valeur la nuance bleu marine de cet élégant manteau Chesterfield.
Les bottines à talons mi-hauts sont très confortables. Elles comportent des empiècements extensibles qui permettent de se chausser et de se déchausser en un clin d'œil !

MIX

Un camaïeu de bleus

Sur le même pantalon gris anthracite, une marinière et une veste à capuche en molleton de coloris assortis au manteau.

MIX

Encore le même manteau

La chemise bleue et le pantalon blanc composent une tenue plus fraîche. Du gris pour le pull, l'étole, les chaussettes et même les tennis slip-on à imprimé python.

Vive les couleurs claires !

Le coloris de cette doudoune longue se situe entre le gris et le vert d'eau. J'aime la porter sur deux T-shirts superposés : l'un marron, l'autre blanc. Quand les T-shirts ne sont pas moulants, ils ressemblent moins à des sous-vêtements ! Les escarpins bleus font écho à la doudoune !

Les tons pastel égaient les tenues

Sous les manteaux, portez des coloris pastel légèrement grisés qui ne sont pas trop voyants. Ils se combinent aisément avec un jean denim et offrent un avant-goût de printemps. Dans l'échancrure des pulls à col V, laissez entrevoir un T-shirt blanc.

Un peu de rouge, beaucoup de gris !

Ce pull rouge vient du rayon homme d'un magasin à petits prix. Le modèle me plaisait tant que j'ai acheté un exemplaire de tous les coloris dans lesquels il était décliné ! Comme le rouge tranche trop sur le noir, portez-le plutôt avec du gris. Pour équilibrer le résultat, donnez de l'importance aux gris.

MIX

Le même manteau gris

Pourquoi réserver le style marin à l'été ? La marinière et le pantalon blanc s'associent parfaitement au noir et au gris.

MIX

Associez le bleu et le noir

Une fois le manteau enlevé, dénouez la chemise pour la porter par-dessus le pull noir comme un cardigan.

Conjuguez douceur et raffinement

En hiver, égayez votre humeur en vous affranchissant des couleurs ternes ! L'association du blanc, du blanc cassé et de l'écru donne des tenues très raffinées. Complétez-les avec des bijoux dorés et argentés.

Mode synchro kids

Chaude et légère, cette veste à capuche comporte une jolie doublure avec un motif à carreaux. Les bottines fourrées camel sont adorables !

MIX

La même parka

Cette parka toute blanche se combine également très bien avec un pull noir et une doudoune grise sans manches. L'association pantalon gris rayé et escarpins noirs est d'un grand chic.

Zoom sur... ⑤

Mini-dressing de mes classiques

16 vêtements et une petite sélection d'accessoires
pour s'habiller tout un mois !

31 looks
automne-hiver !

4 pulls et 1 cardigan

Un blanc, des beiges, un gris, un noir. Des matières variées, des cols ronds ou V, plus ou moins amples.

3 chemises

Les chemises à col et à manches longues vont bien avec les pulls et les doudounes. Des matières et des styles différents : une chemise denim délavée, une chemise en flanelle bleue à carreaux et une jolie chemise blanche en coton.

1 gilet en molleton et 1 doudoune sans manches

Ces articles se prêtent à toutes sortes de jeux de superposition ! Je les ai choisis dans des gris de tons différents pour pouvoir les porter ensemble.
J'aime les porter avec des articles plus raffinés comme les chemises ou les jupes crayon.

1 T-shirt rayé à manches longues

En coton assez épais, il se porte en superposition, noué sur les hanches ou les épaules. Le blanc et le motif classique le rendent facile à assortir. J'aime le marier à des articles plus raffinés.

Les bas

Un pantalon blanc, un beige, un jean denim et une jupe grise. En hiver, j'aime porter des hauts assez épais et de coloris foncé sur des bas de coloris clair !

[C'est parti !]

1er jour

Sortie en famille

Un pull sur les épaules qu'on peut enfiler dès qu'il se met à faire plus frais ! Un pull à col montant se porte très bien par-dessus une chemise à col !

Quelques articles de couleurs vives

En automne et en hiver, on a tendance à porter des couleurs ternes. Un peu de couleur apporte de la gaieté ! Le rose fuchsia se marie bien avec le beige. Une étole rouge à motif tartan donne de l'éclat.

3 paires de chaussures de coloris assortis aux sacs

Les converses se portent tout au long de l'année. La paire d'escarpins en suédine et les bottines en cuir font automne-hiver.

Sacs

Comme pour la sélection printemps-été : un noir, un beige et un blanc. J'ai pris soin de les choisir dans des matières et des styles différents.

Automne-hiver

[Du 2e au 11e jour]

2e jour

Shopping avec une cliente

La chemise denim sur un pantalon blanc avec des accessoires beiges pour lier le tout.

3e jour

La jupe grise apporte du chic au T-shirt rayé. Des collants écrus assortis aux chaussures !

7e jour

Rdv de travail

Un pantalon chino assez décontracté avec une jolie chemise blanche et des escarpins.

8e jour

Les monochromes beiges sont assez fades. Apportez de la fraîcheur avec les Converse® et le T-shirt rayé.

9e jour

Le gilet en molleton zippé jusqu'en haut est utilisé comme une chemise. Un pull sur les épaules et des accessoires pour faire plus adulte.

4e jour

Monochrome blanc comme celui du 1er jour ! Le T-shirt rayé noué sur les hanches, à enfiler dès qu'on a froid !

5e jour

Jean et chemise en denim, mais dans des tons légèrement différents. Un pull à torsades gris sur les épaules pour éclaircir l'ensemble.

6e jour

Un camaïeu beige pour le haut. Le cardigan est porté comme une chemise. Un pull sur les épaules. Les escarpins beiges font écho au haut.

10e jour

Une sortie avec ma fille

Un sac en toile et des tennis pour le confort. Un pull blanc sur les épaules pour faire un rappel de couleur.

11e jour

J'emmène ma fille au parc

Un pull noir à col montant sur un jean denim. Voici une tenue toute simple qui met les accessoires en valeur !

Automne-hiver

[Du 12e au 21e jour]

12e jour

Une excursion en famille
La jupe crayon est très confortable tout en donnant une silhouette élégante.

13e jour

Chez une cliente pour lui donner des conseils mode
Un pull sur la chemise en flanelle qui s'harmonise avec le sac et les chaussures.

17e jour

Une journée en famille
Un pull noir sur un pantalon blanc. Pour atténuer le contraste, un T-shirt rayé sur les épaules. On peut aussi le porter noué sur les hanches.

18e jour

Un camaïeu gris.
Juste le sac en toile blanc pour rehausser le tout et être en écho avec la doudoune.

19e jour

La doudoune sans manches et le T-shirt rayé sur la chemise et le pantalon blancs : l'allure reste élégante !

14ᵉ jour

L'ensemble chemise blanche et jupe crayon grise est très classique. La doudoune sans manches apporte un peu de fantaisie.

15ᵉ jour

Sortie entre amis

Une tenue pour être à l'aise ! Jean denim et pull fuchsia !

16ᵉ jour

Le T-shirt rayé par-dessus la chemise en denim. La combinaison fonctionne aussi avec une chemise blanche ou de couleur.

20ᵉ jour

Rdv professionnel

Monochrome blanc avec des accessoires beiges pour se sentir sûre de soi.

21ᵉ jour

Une chemise blanche sous un pull à col montant et c'est tout de suite plus chic. Laissez dépasser le bas de la chemise.

Automne-hiver

[Du 22e au 31e jour]

22e jour

La chemise en flanelle à carreaux nouée sur les hanches pimente la tenue. Un pantalon blanc avec une paire de tennis blanches allonge les jambes. Quelques accessoires pour apporter une touche féminine.

23e jour

La chemise en denim nouée sur les hanches. Une variante de la tenue du 2e jour.

27e jour

Sortie avec d'autres mamans au café

L'étole tartan sur le pull gris à torsades : à elle seule, elle donne de l'allure !

28e jour

Une association toute simple dont je ne me lasse pas : pull torsadé, doudoune sans manches et pantalon blanc. Il faut un élément de couleur pour rehausser le tout. Pourquoi pas le pull fuchsia ?

29e jour

Sortie avec d'autres mamans

Le gilet en molleton par-dessus la chemise en denim et quelques accessoires noirs.

24ᵉ jour

Nouvelle sortie shopping avec une cliente

L'étole tartan déployée sur les épaules, je m'efforce de donner une impression différente.

25ᵉ jour

Sortie au parc avec d'autres mamans du même immeuble

Une tenue confortable pour aller au parc. Une dominante beige, à cause du bac à sable.

26ᵉ jour

Sortie avec une copine qui aime la mode

J'essaie la combinaison chaussettes et bottines. Mais je prends aussi l'étole rouge pour faire diversion !

30ᵉ jour

Le temps est maussade. Je me couvre chaudement pour aller jusqu'à la gare avec ma fille, en réglant mon pas sur le sien !

31ᵉ jour

C'est clair : le rose fuchsia se marie bien au gris ! Et de la couleur en hiver, c'est chouette !

page 72 : 31 looks printemps-été !

Édition japonaise
365日のプチプラコーデ
色合わせ、着回しを楽しむ、大人の上品カジュアル

First published in Japan in 2015 by KADOKAWA CORPORATION, Tokyo.
French Language translation rights granted to Larousse.
Under the license from KADOKAWA CORPORATION, Tokyo, through le Bureau des Copyrights Français, Tokyo.

Édition française
Direction de publication : Isabelle Jeuge-Maynart et Ghislaine Stora
Direction éditoriale : Sylvie Cattaneo-Naves
Édition : Barbara Janssens, assistée de Léa Combasteix
Couverture: Maeva Lebegue
Mise en pages : Jean-Yves Grall
Traduction : Marcia Nishio

ISBN: 978-2-29-500659-2
Dépôt légal : août 2016

Achevé d'imprimer en Italie par STIGE en août 2016
318155/01 – 11033139 – juillet 2016